à propos de moi

Je m'appelle _______________

J'ai _____ ans 

Le surnom que mon papa et ma maman

me donne est _______________

Mon doudou s'appelle _______________

Me voici !

Apprendre les mots en s'amusant !

Grâce à ce livre, je vais apprendre à parler ! Mais pas seulement m'exprimer, je vais aussi m'amuser !

Le vocabulaire de l'école

école

Maternelle

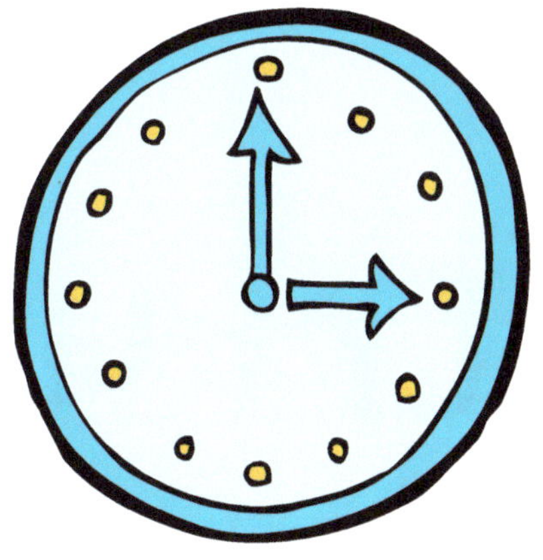

Horloge

Porte

Clé

Serrure

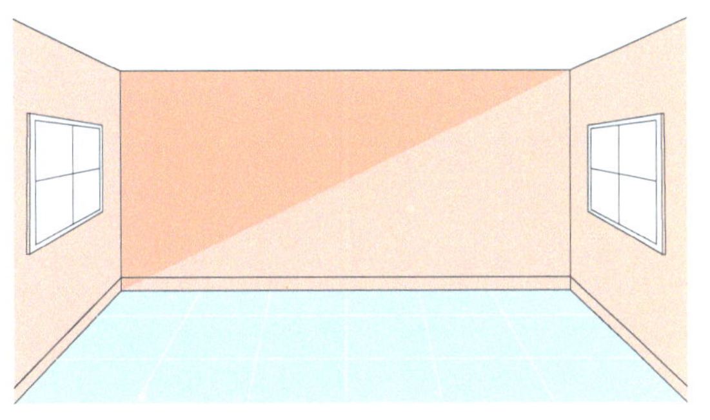

Salle

Escalier

Couloir

Fenêtre

Chaise

Table

Mur

Plafond

Punition

Tabouret

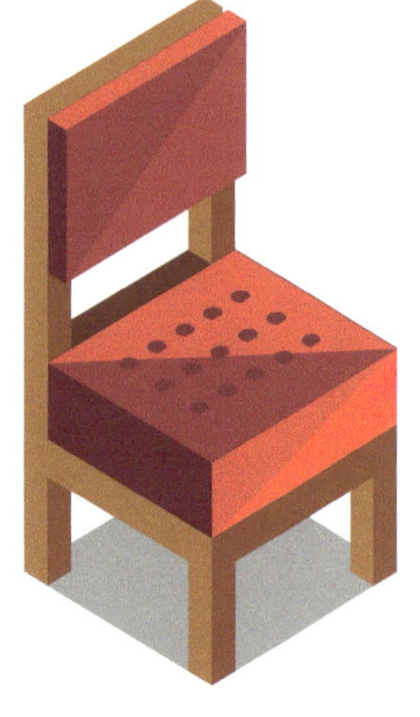

Siège

Armoire

Bureau

Tapis

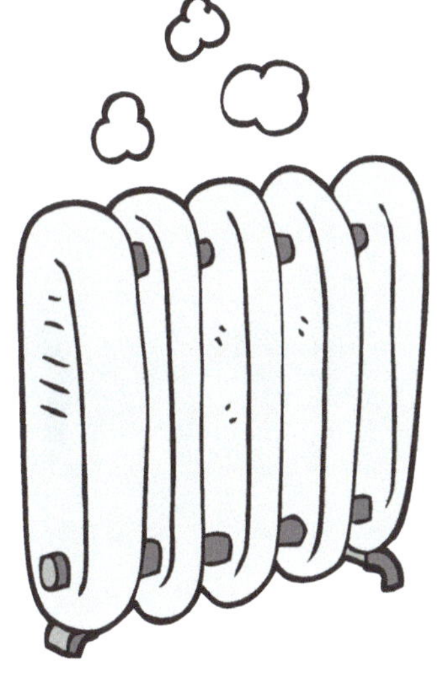

Radiateur

Toilettes

Sommeil

Silence

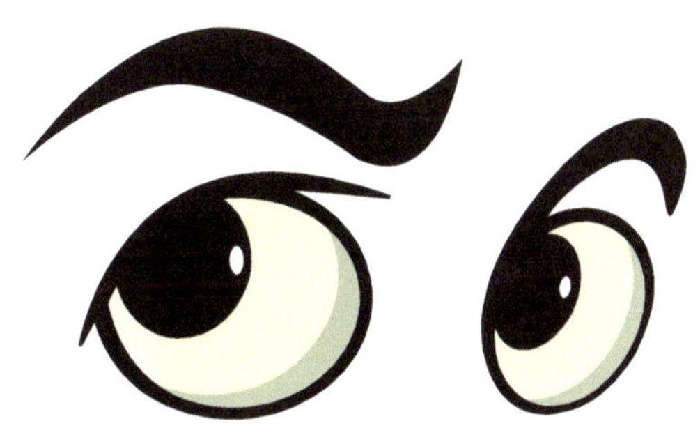

Oeil (yeux)

Lavavo

Robinet

Savon

Mousse

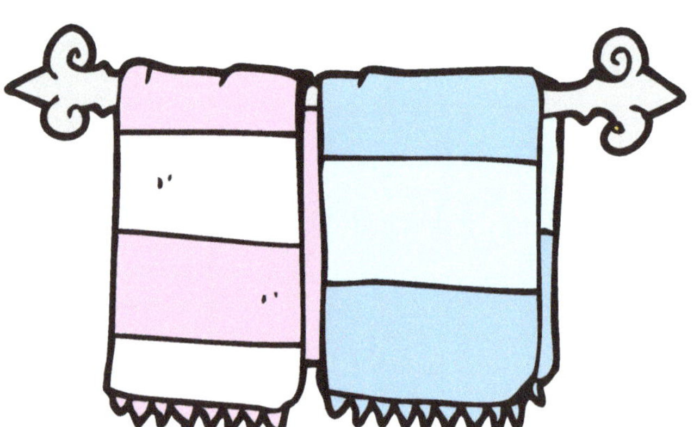

Serviettes

Lit

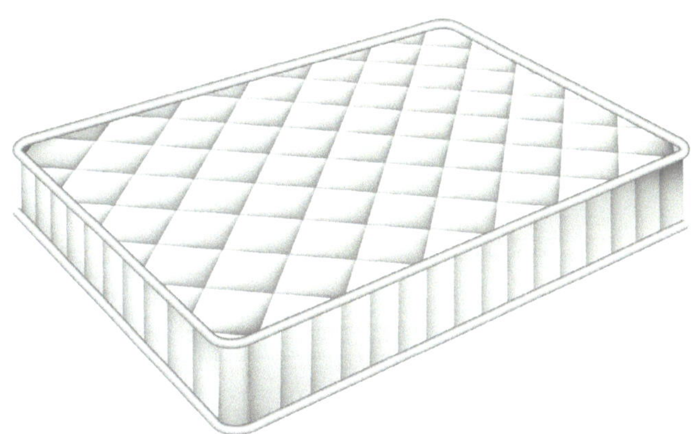

Matelas

Oreiller

Crayon
Stylo
Feutre

Mine

Gomme

Dessin

Sablier

Peinture

Couleur

Pinceau
Craie
Papier

Cahiers

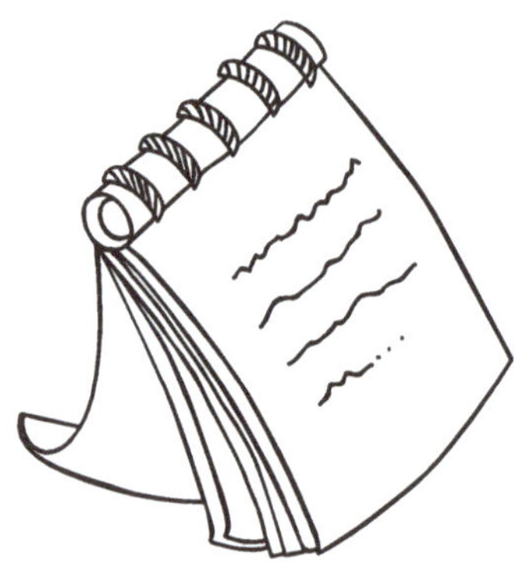

Carnet

Carton

Découpage

Pliage

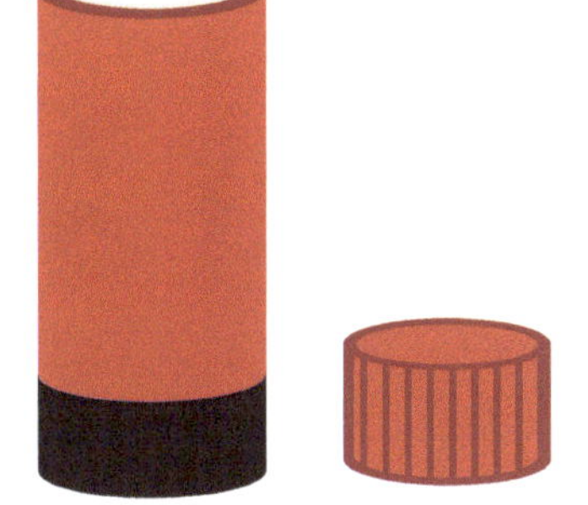

Colle

Casier

Trousse

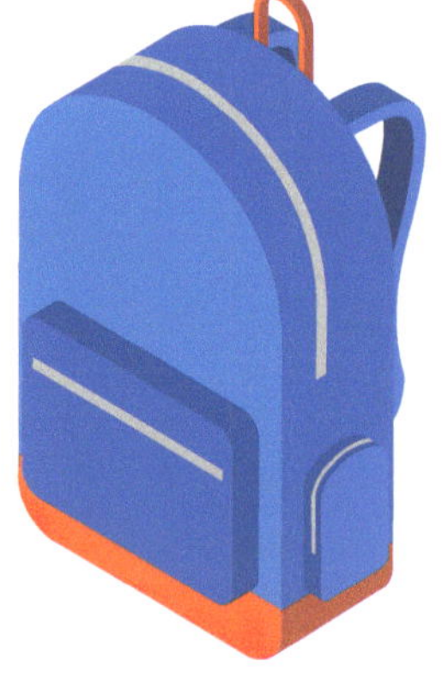

Cartable

Puzzle

Carré

Rond

Lettres

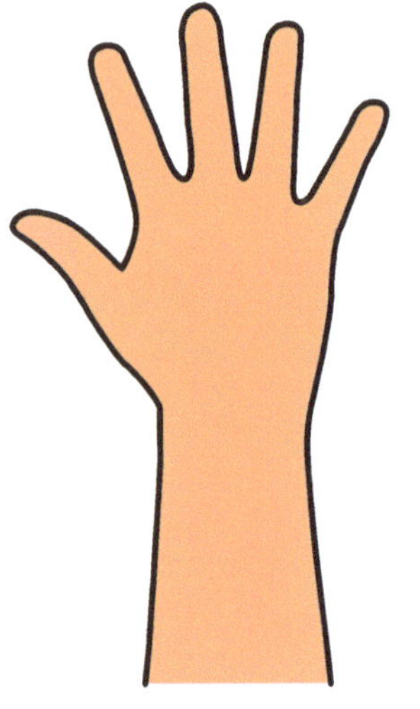

Main

Téléphone

Livres

Histoire

Image

Enfants

Garçon

Fille

élève

Copains

Copines

Monsieur

Directrice

Colère

Maîtresse

Maître

Travail

Ballons

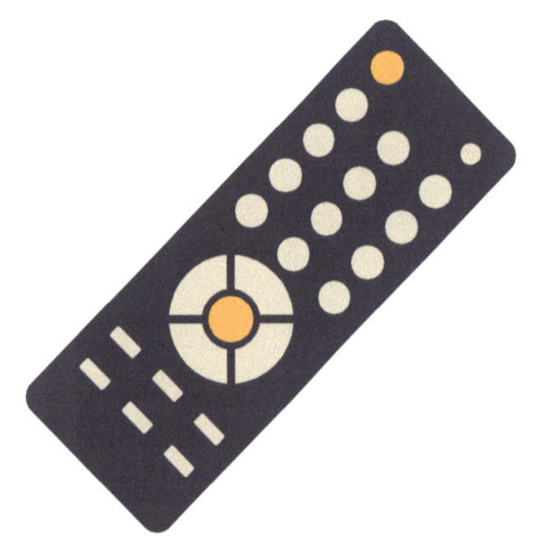

Télécommande

Ordinateur

Sonette

Toit

Porte-manteau

Banc

Placard

Poubelle

Peluche

Eau

Réveil

Doudou

Taille-crayon

Coloriage

Pot

Feuille

Ciseaux

Boîte

Jouet

Chiffres

tableau

Pages

Camarades

Madame

Sourire

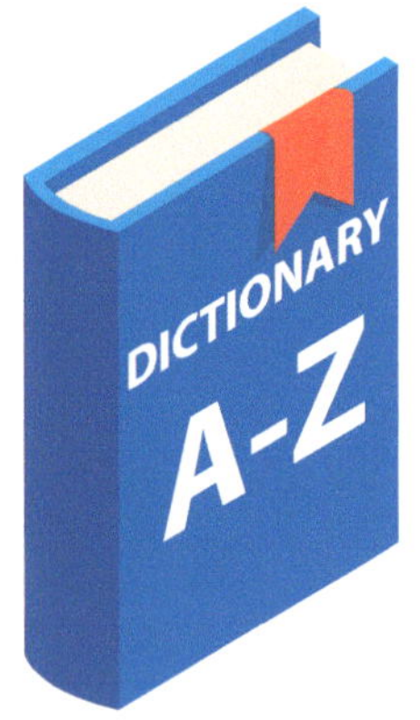

Dictionnaire

Dans la même collection